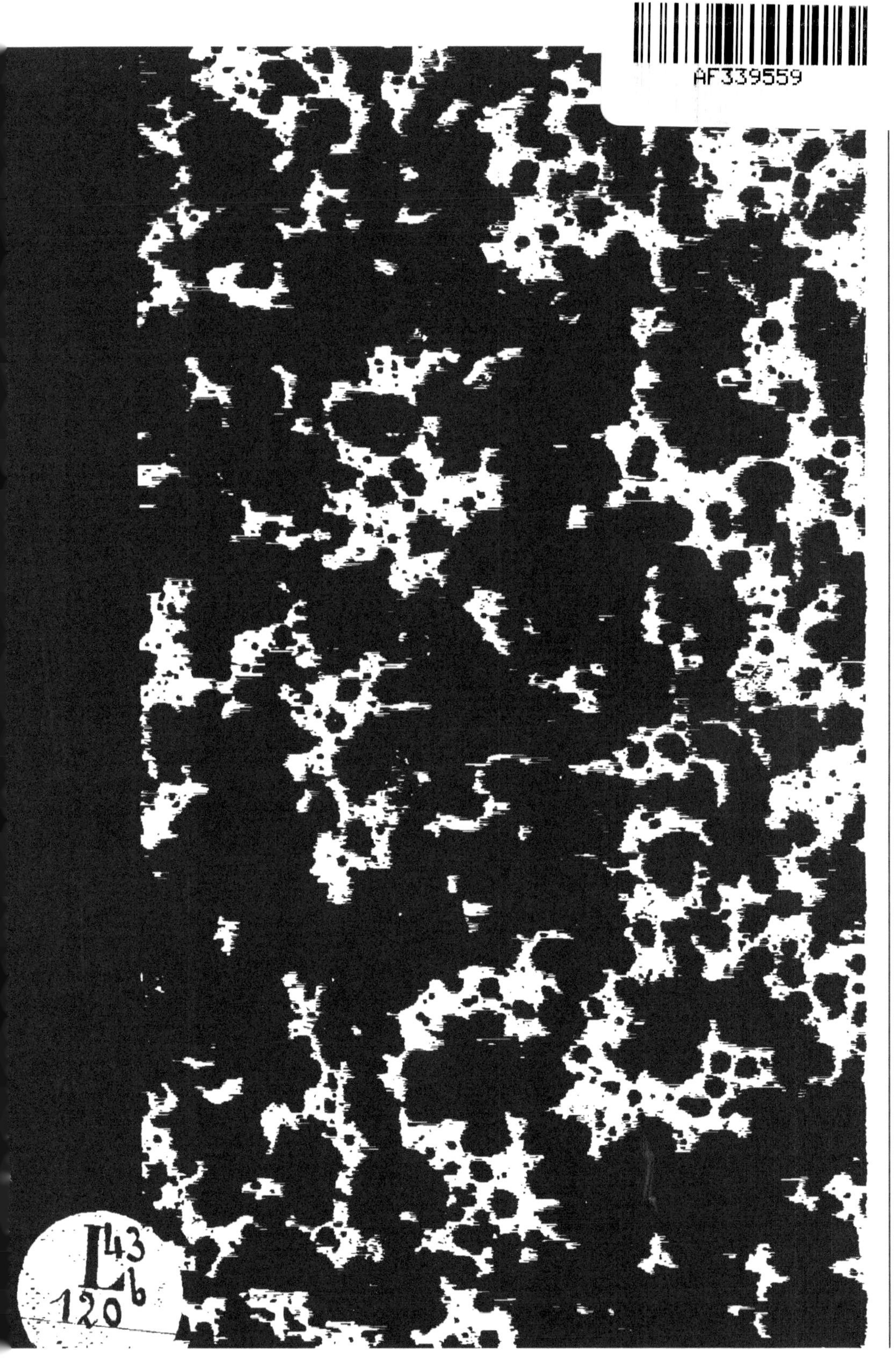

MÉMOIRE

CONTRE LE SÉDUCTEUR

ROUHIERE,

Commissaire ordonnateur réformé,

Rue de la Concorde, n°. 688, division des Thuileries.

Ex-Adjoint de Rapinat, en Suisse.

A PARIS,

Chez les Marchands de Nouveautés.

MÉMOIRE

Contre ROUHIERE, Commissaire Ordonnateur réformé, ex-Adjoint de RAPINAT, en Suisse.

J'ATTAQUE devant les Magistrats et au Tribunal de l'opinion publique, un de ces hommes couverts de rapine, un séducteur, se jouant, avec une impudeur sans exemple, de l'infortunée victime de sa duplicité.

J'ai besoin de courage pour saisir tous les traits hideux que je suis obligé de peindre : si souvent on recule d'effroi en lisant ces pages révoltantes, qu'on ne s'en prenne qu'à la difformité de l'objet; car toujours mon pinceau est resté au-dessous du modèle.

§. I.

Portrait de Rouhiere.

Mon héros, aujourd'hui si fastueux, si insolent, si inhumain, ROUHIERE, l'ex-chevalier de Saint-Louis, Rouhiere est le fils d'un Maréchal ferrant de la commune de Gy, ci-devant Franche-Comté.

Allez en cette commune, et vous y ver-

A

rez la sœur de Rouhiere dans la plus profonde misère. Voilà la noble origine de notre moderne Dom Quichotte, plus fortuné que l'ancien Chevalier errant ; car les châteaux de Rouhiere ne sont pas des moulins à vent......

Ici se place naturellement le portrait physique de Rouhiere.

Figurez vous un petit homme, rabougri, en manière de Lapon, yeux hagards, front pâle et livide, et qui jamais n'a rougi de rien.

Au moral, sa physionomie offre un composé d'orgueil et de bassesse, insolent avec le foible, rampant avec le fort, il est tour-à-tour sur la tête de l'un pour l'écraser, et aux pieds de l'autre pour le tromper en le caressant.

La nature l'a surtout disgracié d'une rapacité sans exemple : en fait de rapine, c'est un requin qui dévore tout ce qui se présente.

Mais on pourrait croire que ce n'est ici qu'un portrait de fantaisie. Je me hâte de dérouler les preuves à l'appui de cette esquisse.

§. I I.

Perfidie et immoralité du séducteur
Rouhiere.

Je suis le triste exemple de la duplicité

d'un séducteur déhonté, subornant sous un masque hypocrite, et immolant la bonne foi à ses passions.

Femmes trop sensibles et trop crédules, apprenez jusqu'a quel point un séducteur peut abuser.

Victoire Bernard est mon nom; je suis née de parens honnêtes, jouissant dans tout le pays d'une considération méritée. Mes père et mère habitaient la commune de *Pouzanges*, dans le ci-devant Poitou, maintenant la Vendée. Ils y avaient un établissement avantageux de roulage. A l'âge de dix-huit ans on me plaça en apprentissage à Cholet, chez la citoyenne *Guichery*. J'y étais depuis dix-huit mois lorsque la guerre éclata dans ce pays. Tour-à-tour nous étions dévastés, exposés au pillage et au brigandage des différens corps armés qui se repoussaient : il n'y avait plus de sûreté. En effet, bientôt les révoltés ayant fait une incursion sur Cholet, et s'en étant emparé, je restai prisonnière dans Cholet, sans pouvoir retourner dans ma famille. Les grenadiers de Saumur vinrent nous délivrer. Nous nous réfugiâmes, ma maitresse et moi, dans cette commune, et delà à *Tours*, pour mon malheur. Nous étions logés à l'auberge du

Faisan, chez Madame *Jamain*, femme sensible, qui prit intérêt à nos infortunes et en qui je trouvai une mère adoptive.

C'est à cette même époque que vint à *Tours* le trop fameux *Rouhiere*, en qualité de secrétaire du représentant *Gaimberteau*; ce caméléon, propre à tous les rôles, aujourd'hui grand seigneur, le disputant en faste à nos plus riches Crésus modernes, jouait à grands traits tragiques sur la scène révolutionnaire. On devine qu'il y parut avec des formes atroces et sanguinaires. Mais c'est lui-même qu'il faut voir dans ses propres écrits; il ne parlait que de traîtres, que de conspirateurs, de guillotine.

« Montrez, (disait-il, dans un imprimé
» que j'ai sous les yeux) montrez à la na-
» tion entière que des républicains tels que
» vous, ne connoissent et ne connoîtrons
» désormais que cette sainte *Montagne,*
» qui, en frappant le fédéralisme, a affermi
» la liberté, l'égalité : montrez-lui que vous
» êtes prêts à tout souffrir pour le soutien
» de l'une et le maintien des autres. »

Admirez, *Rouhiere*, criant après les *Messieurs,* après les *Modérés.*

« En vous souvenant d'avoir été oppri-
» més par les *Messieurs,* qui avaient usurpé

» votre confiance, en vous souvenant du
» peu de soin qu'ils ont pris de remplir
» votre attente; en démasquant leur mal-
» veillance, ayez le calme inséparable de
» véritables républicains. Soyez à la fois
» justes et sévères; .... le grand jour est ar-
» rivé où la République, l'unité, l'indivi-
» sibilité doivent triompher de la rage im-
» puisante des tyrans, des fureurs insensées
» des fédéralistes, de la conduite miel-
» leuse et empoisonnée des *MODÉRÉS*.
» Vous voulez les frapper tous : vous le
» devez. »

Le voilà ensuite qui provoque les déla-
tions, les dénonciations pour exercer la
guillotine qu'il avait fait planter en personne, et dont il s'était fait un titre de re-
commandation auprès des puissans d'alors;
mais entendez Rouhiere lui-même.

« Eh bien ! citoyens, n'imitez pas ces
» hommes pusillanimes qui, n'osant se pro-
» noncer, se laissent entraîner par des con-
» sidérations particulières, et tremblent
» d'accuser un coupable en sa présence :
» prenez l'attitude qui vous convient; et
» s'il est dans cette assemblée des hommes
» à qui vous ayez des reproches à faire,
» demandez la parole au Représentant du

» peuple, au Montagnard qui vous préside :
» ayez le courage de lui dénoncer le crime,
» la perversité, le *MODÉRANTISME :*
» citez tous les ennemis de la révolution,
» à son tribunal, au vôtre ; qu'ils courbent
» enfin un front jadis altier, mais mainte-
» nant hypocrite, devant la souveraineté
» du peuple. Ne vous laissez pas appitoyer
» par le ton doucereux et composé, par le
» caractère souple et tortueux de l'homme
» qui a soutenu et prêché la force départe-
» mentale ; par le signataire de pétition en
» faveur du monarchisme, par le sectaire
» feuillant ;.... ceux-là, citoyens, ceux-là
» étaient aussi les ennemis de votre liberté ;
» ceux-là, et l'expérience ne vous l'a que
» trop appris, ceux-là, dis-je, voulaient
» aussi l'ancien régime. »

Vous le voyez : le grand crime, aux yeux de *Rouhiere* était le *MODÉRANTISME,* le feuillantisme ?

Et observez que *Rouhiere*, jadis, avait été le confident, la créature, l'espion en titre d'office de Dumourier ; de jacobin devenu feuillant ; que *Rouhiere* jouait alors le feuillant, et qu'il a fait depuis le jacobin en 1793, le réacteur en l'an 3, et aujourd'hui le *Marquis révolutionnaire ;* mais suivons notre prothée. Ici on le voit ardent prédicateur du régicide, s'écrier tout-à-coup :

« Citoyens ! si la tête coupable du der-
» nier de vos rois, du dernier de vos tyrans,
» est tombée, il faut que tous ses adorateurs,
» tous les antagonistes de la montagne, tous
» les partisans de l'ancienne Constitution,
» s'anéantissent devant le régime républi-
» cain : ainsi le veut l'intérêt général, ainsi
» le veut votre propre intérêt qui en est une
» émanation. Citoyens ! de tels hommes ne
» peuvent occuper les places qui sont à vo-
» tre disposition : s'il en était autrement,
» ils vous serviraient mal, et vous vous at-
» tireriez sur vous une masse incalculable
» de maux qu'il est en votre pouvoir de pré-
» venir. Que tous répondent à vos accusa-
» tions, et s'ils ne peuvent se justifier som-
» mairement et d'abondance, comme fait
» l'homme qui n'a rien à se reprocher, hâ-
» tez-vous d'en faire justice vous même, en
» provoquant celle du citoyen Représentant.
» Ne perdez pas de vue que celui qui n'a
» rien fait pour la révolution est nécessai-
» rement son ennemi ; que celui-là a, par
» son exemple, rallenti la marche de la ré-
» volution, que celui-là même peut encore
» être considéré comme suspect. »

(8)

Mais voici du plus curieux ; un trait ca-
ractéristique de *Rouhiere*..... alors sans argent, sans bien, sans culotte, il va décla-
mer contre les riches.

« S'il est riche, dit-il, il est nécessaire-
» ment égoïste, et tout égoïste est dange-
» reux : forcez le à être utile au soutien de
» la cause commune ; forcez la cupidité
» marchande et le fanatisme imbécille à
» contribuer de leur fortune à l'aliment des
» femmes et des enfans des malheureux
» sans-culottes qui sont aux frontières et
» qui font tout pour elle. Ancien partisan
» des mesures révolutionnaires , je suis
» glorieux de concourir à celles que le
» sans - culotte *Gaimberteau* va prendre
» contre vos aristocrates de toutes les nuan-
» ces. Au milieu de républicains tels que
» vous, le patriotisme s'enflamme, l'esprit
» révolutionnaire dévore la chose publique,
» prend une consistance majestueuse, iné-
» branlable. Patriotes ! vous n'aurez plus
» que des triomphes : ce jour est celui qui
» doit compter l'ère du bonheur des sans-
» culottes de *Blois*. »

Le Sans-terre *Rouhiere* n'entrevoyait
pas encore qu'il deviendrait l'un des premiers propriétaires de France, et qu'il serait

un jour, comme il est en effet aujourd'hui, logé dans un palais, voisin et rival de l'hôtel du Garde-meuble et du ministre de la Marine, rue de la Révolution. Pauvre alors, il vociférait contre les riches : riche aujourd'hui : Dieu sait comment ! il crie contre les sans-culottes.

Le proconsul *Rouhiere* exerçait alors une véritable dictature sur les habitans de ce pays. *Rouhiere* était souple, bas-valet de naissance, car il avait commencé, dit-on, par être jockey, puis secrétaire du comte de *Rohaut*. Puis écrivain dans une échoppe aux charniers des Innocens, grossoyant sous un entrepreneur d'écriture de procureur, à neuf francs par mois.

Gaimberteau, homme faible, laissait flotter les rênes de la puissance absolue dans les mains de *Rouhiere*, qui disposait arbitrairement de la vie et de la mort. Tout tremblait sous lui : d'un clin d'œil il commandait l'incarcération.

Oses nier, *Rouhiere*, et cent témoins te démentiront. Oses nier que tu n'etais pas directeur en chef de la guillotine? Oses dire que ce n'est pas toi qui l'a fait planter à *Chinon*, malgré la résistance du *bon*, mais faible *Gaimberteau*? Oses dire que ce n'est pas toi qui fit incarcérer par centaine, et notamment à *Amboise*, où tu faillis déclarer suspects la ville et les faubourgs ?

Jugez qu'elle dut être ma profonde inquiétude lorsque je vis enlever nuitamment la bonne hôtesse qui m'avait accueilli ? La dame Jamain était incarcérée comme aristocrate, comme ayant donné asyle à des prêtres et à des nobles : je lui devais l'existence : j'aurais donné mon sang pour elle.

J'apprends que *Rouhiere*, l'homme tout puissant, était à *Tours*, logé dans le même hôtel que moi. Le comité révolutionnaire déclare que lui seul peut disposer du sort de la dame *Jamain;* je n'hésite pas : je me rends chez le proconsul *Rouhiere;* je supplie pour l'innocence; j'obtiens de la voir en prison : elle était désespérée; la pâleur de la mort sur le visage : elle se jette à mon col. « Demain, me dit-elle, mon enfant, » je ne serai plus, si tu n'obtiens ma liberté. » Mon courage s'enflamme : je retourne chez *Rouhiere :* je cherche à l'émouvoir par mes larmes. Ce perfide compose son visage. Il en a l'art affreux. Il paraît sensible au sort de la malheureuse *Jamain* et à ma propre infortune. « Tu es réfugiée, me dit-il, sans » asyle; je veux venir à ton secours. Je

» t'accorde la liberté que tu me demandes,
» mais à condition que tu viendras avec
» moi à Paris. »

§. III.

Moyens de séduction employés par Rouhiere

Ici commence le systême de séduction et de perfidie de *Rouhiere* à mon égard. Il n'est pas de promesse qu'il ne me fit : il me peignait ma déplorable situation.

Je suis née sensible, aimante. Le malheur rend crédule. Il me protesta, avec hypocrisie, qu'à notre arrivée à Paris je serais son épouse : il me répéta que mon courage à défendre mon hôtesse avait fixé son estime et son amitié : il se vantait à ses amis, qu'étant républicain et bon sans-culotte, il en voulait donner une preuve non équivoque en épousant une malheureuse réfugiée dont la famille était ruinée.

Alors *Rouhiere* était sans faste et sans opulence ; l'égalité régnait entre lui et moi, car il n'avait jamais eu rien, et j'avais perdu une partie de ma petite fortune. Il était si peu pécunieux, qu'à son retour à Paris, il fut obligé de donner sa croix de S.-Louis, (batarde) pour payer Podevin des bains qu'il lui devait.

Cependant il me restait encore des effets précieux en argenterie, bijoux et de l'argent que j'avais eu le bonheur de sauver du pillage : je le confiai à Rouhiere ; il eut pour moi plus d'égards et insista de plus en plus pour mon voyage de Paris. Il était alors modeste et véridique sur son origine : il disait, à qui voulait l'entendre, que son père, Maréchal ferrant, ne lui avait pas laissé, à sa mort, *un marteau pour frapper un clou.*

Ce fut alors qu'il déclara encore plus ouvertement son intention à mon égard : il le dit publiquement à toutes ses connoissances; et, ce qui n'avait peut-être été dans le principe qu'un moyen de popularité, prit alors un caractère vraiment sérieux.

Dans ce même temps *Rouhiere*, violent, impétueux et altier par caractère, eut un démêlé grave avec *Gaimberteau*. Ce Représentant lui avait refusé sa signature à *Rouen*, craignant d'être compromis. Il fallut se quitter, et *Rouhiere* décida notre retour à Paris. *Gaimberteau* déclara vingt fois depuis que *Rouhiere*, par ses excès, ses extravagances, avait failli le faire guillotiner.

Envain Rouhiere chercherait à donner le change ; il est constant qu'alors, et depuis, il me qualifiait publiquement de sa femme.

J'étais traitée sous le même rapport par ses amis. Je mangeais habituellement à sa table, même avec les représentans *Gaimberteau*, *Dornier*, *Fromanger*, *Vasseur* de la Sarthe, *Merlin* de Thionville, *Bezard*, *Sibilot*; à *Rouen*, avec les Administrateurs du Département, et par-tout sous le nom et en qualité de sa femme; les preuves en seront multipliés.

Ce fut ainsi que j'arrivai avec lui à Paris. Nous logeâmes aux Ecuries d'Orléans. Qu'on interroge ses amis, ses connoissances, tous attesteront qu'alors encore il répétait hautement que son intention était de m'épouser; qu'il ne pouvait avoir personne qui lui fut plus attachée. Et, en effet, qu'elle résistance aurait pu opposer une jeune fille de vingt ans, vis-à-vis d'un homme dans la force de l'âge, (45 ans) une fille sans expérience, d'un pays ou la simplicité des mœurs ne permettait pas de supposer tant de perfidie. J'ignorais ce que j'ai appris depuis, qu'il avait abusé, en vertu de son pouvoir absolu, des femmes de la *Vendée*, faisant servir à sa lubricité son autorité révolutionnaire, et exigeant leurs faveurs pour prix de la liberté de leurs pères et mères.

J'avais la possession d'état de sa femme :

je jouissais de toute l'autorité ; et, soit excès de duplicité, ou que son ame ne fut
pas encore complettement développée dans
le crime, *Rouhiere* me paroissait d'une
bonne foi qui devait écarter toute défiance.
Je m'apperçus bientôt que la nature avait
devancé en moi les droits de l'hymen,
Rouhiere venait d'être appelé dans la Vendée avec le représentant *Dornier*. Ses lettres
respiraient l'attachement et la franchise. Je
vivais sous la foi conjugale. Chaque jour
j'en recevais des protestations. Lorsqu'il
apprit que j'étais mère, il redoubla ses promesses, il m'ôta toute idée d'inquiétude en
chargeant les citoyens *Barailler* et *Durand*
de faire tout ce qui serait convenable, et
leurs déclarant positivement que son intention formelle était que l'enfant fut reconnu
comme étant de lui et portât son nom.

Sa volonté fut ponctuellement exécutée,
et le cœur d'une mère n'eut pas même le
droit de s'en allarmer ; mon enfant fut nom-
mé *Benoît Rouhiere*, du nom de son père.
Rouhiere m'en témoignait sa plus vive sa-
tisfaction dans toutes ses lettres. J'aurais
aujourd'hui la preuve écrite de ses trompe-
ries ; mais on devine aisément que lorsque
Rouhiere eut conçut le projet de m'aban-

donner , il eut soin de s'emparer d'une cor-
respondance qui eut décélé ses impostures
et la perversité de son cœur.

Rouhiere revint de sa mission : notre enfant était mort ; il en témoigna des regrets.
Il me continua ses promesses fallacieuses :
quelques circonstances éloignaient notre
union, disait-il, mais il me protestait, avec
tant de démonstration de sa sincérité, que
je ne pouvais concevoir de soupçon. J'étais
alors tellement attaché à *Rouhiere* , que
l'impression de son retour subit me causa
un épanchement de lait qui me conduisit
aux portes du tombeau , et altéra ma santé
depuis lors chancelante.

Et il ne serait payé par cet homme aucun
dédommagement pour avoir abusé de ma
jeunesse ; ruiné jusqu'à ma santé ! Non :
les tribunaux ne peuvent refuser des dom-
mages auxquels le bon sens, la justice et
l'humanité condamnent tout suborneur.

J'ai dit que j'étais maitresse absolue dans
la maison : en effet , j'avais toutes les clefs,
même du secrétaire. J'y jouissais du titre et
des droits d'épouse : à la vérité la dépense
roulait depuis quelque temps sur le foible
pécule que j'avais apporté de la Vendée.
J'avais été obligée de mettre en gage ce que

j'avais de plus précieux. *Rouhiere* paroissait humble et attaché à moi, parce que je le nourrissáis, qu'il n'existait que par moi. J'étais dans la plus aveugle confiance en lui. Il m'empêcha alors d'aller dans mon pays, pour recueillir ma part d'un mobilier considérable de mes père et mère qui a été perdu pour moi; mais il me certifiait qu'il ne me quitterait plus. Ma crédulité fit mon malheur.

Je mis au monde un second enfant. *Rouhiere* était à Paris, il m'avait promis qu'il n'auroit pas d'autre nom que le sien. Jouant l'époux zèlé, lui-même fut chercher l'accoucheur. Mais pouvais-je croire au dernier excès de perfidie qu'il méditait. Rouhiere eut la subtilité de me faire enlever mon enfant; et, sous prétexte de le mettre en nourrice, à cause de la foiblesse de ma santé, cet homme dénaturé et sans pudeur, qui s'en était avoué constamment le père, qui me donnait le nom d'épouse, Rouhiere fit enlever son enfant des bras de sa mère pour le porter dans un hospice. Je l'ignorais et ne l'apprit seulement qu'après la mort de mon pauvre enfant. Je fus donc encore une fois dupe des stratagêmes et de la feinte tendresse de Rouhiere.

Quand Rouhiere n'avait pas de place, il attendait, me disait-il, un état fixe pour m'épouser : quand il en eut une, ses occupations, le dessein d'arranger ses affaires, différait notre hymen. C'est ainsi qu'il trompa ma confiance aveugle, lorsqu'une fois il m'eut enchaînée sous sa volonté. Mais le seul bienfait que je tienne de lui, est le bonheur de n'avoir pas été unie par des nœuds sacrés à un être dégradé, sans foi ni loi, et que la société doit repousser de son sein avec indignation.

Mais gardez-vous de croire que le tissu des faits que je viens de dérouler, soit un roman pour intéresser en ma faveur ; à l'appui de ces faits, je donnerai des preuves palpables, émanées d'hommes publics, de témoins oculaires et dignes de foi, et cependant, homme déloyal, depuis six mois tu me laisses sans pain, sans ressource ; tu me réduis au désespoir. Je produirai des écrits qui te démasqueront et auxquels tu ne pourras répondre.

Ici commence un genre d'accusation auquel je résistai long-temps, mais devenu indispensable pour faire connaître les motifs trop réels qui durent entraîner notre séparation. Cette séparation fut amenée par la lutte qui s'établit entre *Rouhiere* et moi. Par l'opposition que j'apportai pour empêcher ses premiers essais de brigandages, et lorsqu'une fois il eut rompu la barrière, il me fut impossible d'habiter avec un homme qui, chaque jour, jouait son existence et méritait les honneurs du tabouret.

§. IV.

Exposé historique des rapines de Rouhiere.

J'ai peint Rouhiere comme un hypocrite, sachant se couvrir successivement de tous les masques. On vient de le voir ultra-révolutionnaire, directeur d'échafaut, un niveleur dans la Vendée, déchaîné avec fureur contre le fédéralisme, et sur-tout le modérantisme.

Arrêtez un instant; la scène change et *Rouhiere* va devenir le bourreau de ceux-là même sous la bannière desquels il marchait.

Mais ici je ne dois pas laisser échapper un trait mémorable dans les fastes de Rouhiere.

J'ai dit qu'il était né le plus audacieux des hommes, un autre moins mesuré l'eut qualifié d'escroc en titre.

En effet, le croirait-on ? Oui, *Rouhiere*, toi inscrit en tête de la liste des Commissaires ordonnateurs, comment oses-tu bien ne pas frissonner toutes les fois que ce mot est proféré devant toi? Serait-il vrai que ç'aurait été à l'aide d'un faux que tu serais parvenu à te métamorphoser impudemment en vétéran des employés aux armées? Toi qui ne fit d'autres campagnes que celles pour planter la guillotine et créer des suspects dans la Vendée?

Ordonnateur ! Serait-il vrai que ç'aurait été en falsifiant la signature de *Dumourier*, avec un autre individu que je ne dois pas nommer aux affaires extérieures, que *Rouhiere* se serait crée ancien Commissaire des guerres, que ç'aurait été en changeant sa qualité de Garde-magasin à Cherbourg en celle d'employé militaire, qu'il aurait trompé alors le Gouvernement, comme il le trompe encore aujourd'hui.

Mais c'est en public que je dois t'arracher ton masque, infâme faussaire. J'appelle sur ton crime la vigilance du Gouvernement. Qu'il fasse confronter tes pièces; le faux sera bientôt reconnu, et tu iras prendre ta place légitime et naturelle dans un emploi des galères. Ce fut en abusant, sur-tout de la bonne-foi du représentant *Letourneur*, qu'il fit prospérer le fruit de sa falsification. Ainsi tout est faux chez toi, jusqu'à la qualité dont ta vanité se pavane en t'admirant dans tes glaces immenses.

Ici je ne puis taire une de tes espiégleries. Quels sont ces riches couverts d'argent qui ornent ta table splendide ? Mes amis, l'économe *Rouhiere* pourrait vous apprendre, si sa modestie n'était pas si discrette, que sur les cent couverts d'argent qu'il a chez lui, les plus beaux, sont les produits des cachets de l'ancien régime, qu'il sut convertir, mais à son profit, et qu'il avait subtilement mis de côté pendant qu'il était secrétaire aux Relations extérieures. Le surplus appartient à la Suisse.

Rouhiere, que nous avons montré montagnard et révolutionnaire, voit la chance changer en Thermidor. Aussi-tôt il prend les livrées du jour, et devient réacteur forcené ; il va poursuivre à l'échafaut ceux-là dont il avait été l'émule.

En effet, on voit Rouhiere, en Prairial, solliciter la place de juge de la Commission qui a condamné à mort les députés *Goujon, Soubrani, Bouchotte*, etc. Ensuite il parvint à se faire nommer Secrétaire-greffier. Cette place avait un attrait de plus pour lui : elle lui ouvrait la carrière des rapines. C'est dans celle-là que l'on va le voir paraître

d'une manière brillante et avec les premiers
succès.

Comme secrétaire de la Commission, *Rouhiere* avait la bassesse d'escamoter et de rap-
porter chez lui, chaque jour, des bougies,
des chandelles, qu'il vendait à son ami. On
croira aisément à un tel excès de turpitude,
quand on saura que *Rouhiere*, volant le
Bourreau même, eut l'atrocité d'enlever les
effets des députés guillotinés, leur linge,
mouchoirs, et autres hardes ; les manteaux
des cavaliers condamnés à mort pour avoir
été au faubourg S.-Antoine. Les harnois des
chevaux qu'il fit apporter nuitamment en
son domicile aux Ecuries d'Orléans. C'est-là
que fourmille un essain de témoins à l'appui
des faits que j'avance.

C'est ainsi que quand ce Tribunal terrible
eut rempli ses fonctions de mort, *Rouhiere*
demeura-là comme un oiseau de proie pour
dépouiller les cadavres.

L'obstination avec laquelle j'exigeai qu'il
restitua les effets des malheureux tués
en Prairial, fut, à la vérité, une des pre-
mières causes d'attiédissement entre lui et
moi.

Il fit plus ; il fit emporter chez lui bureaux,
cartons, portes-feuilles, bois, jusqu'au bri-

quet à allumer le feu. Au récit de tant de monstruosités, l'esprit se révolte ; j'aurai le courage d'achever le tableau des infamies de *Rouhiere*.

Le 13 Vendémiaire arrive, *Rouhiere* fait l'impossible pour pouvoir juger les vaincus, ou plutôt encore pour dépouiller les royalistes, comme il avait fait des prairéalistes.

Prévoyance admirable ! *Rouhiere* pressentait en effet qu'après avoir joué ce rôle, il allait devenir un homme important.

Rouhiere, à l'aide du faux et de la faveur du prairial, devint Commissaire ordonnateur en titre ; et qui plus est, de la 17e division, à la résidence de Paris : ce fut alors qu'il songea à développer ses talens économiques : ce fut alors que ses bureaux se montèrent des ustenciles, dont il avait eu la précaution de s'emparer, et à l'aide d'un mémoire factice, il sut tirer le produit de cette rapine chétive, en comparaison des hautsfaits dont nous parlerons quand il aura pris son vol vers la Suisse.

Oh ! combien tu as perdu de vue, *Rouhiere*, qu'il fut un temps ou, n'ayant pour exister que le produit de mes effets en gage, nous fûmes obligés de nous passer de domestiques ; nous usions d'une marmite d'emprunt, ce fut alors que pour t'alimenter, ô le plus ingrat des hommes ! j'ai vendu croix d'or, agraffes, chaîne d'argent, boucles d'oreilles, et dépensé près de 5ooo fr. valeur réel que j'avais apporté de la Vendée.

Rouhiere a débuté dans la carrière du brigandage ; il va se signaler comme Commissaire ordonnateur ; il fait argent de tout ; s'engraisse du pain, du vin qu'il dérobe aux soldats, délivrant soir et matin force ordonnance à son profit : il mangeait et buvait chaque jour autant que cinquante hommes, et consommait par mois autant de fourrages qu'un escadron tout entier. C'est alors qu'il vendait publiquement le fourrage jusqu'à 8,ooo fr. par jour. Aussi donnait-il bals et fêtes magnifiques avec une profusion qui n'était due qu'à l'audace avec laquelle il se jouait du droit de délivrer des billets sur la République. La disette lui fournit une occasion de gain extraordinaire. Il faisait vendre à profusion le pain de munition, tandis qu'il faisait jeûner les malheureux soldats, et jusques aux chevaux dont il mettait les ventres à contribution.

Talent supérieur ! On a vu Rouhiere voler à la République, et revendre à la République les cartons et ustenciles de la Commission militaire. Le chef-d'œuvre d'économie a été de les reprendre subtilement lors de la suppression des bureaux, rue Belle-chasse : c'est ce qu'il fit avec une extrême précaution ; ensorte que par attachement à ce qui appartient à la République, il les possède encore chez lui, et peut, au besoin, les vendre encore une seconde fois au gouvernement. Et ces vols, il y parvenait en intimidant gardes-magasins et fournisseurs ; c'est ainsi qu'un malheureux chef des hôpitaux, en Suisse, fut chassé pour sa complaisance à faciliter les déprédations de *Rouhiere*. J'allais oublier le déménagement célèbre de S. Cloud. Là, Rouhiere se fit délivrer les plus beaux meubles, et sous prétexte de garnir la maison du Commissaire, il sut s'approprier fauteuils, rideaux, toilette de nuit, glaces, ainsi que table en acajou à bouillottes, draps, couvertures du Garde-meuble, tournebroche, pelles à feu, et autres meubles en tout genre ; et ces effets, demandez à Rouhiere ce qu'il en a fait, ou plutôt allez à *Gy*, en Franche-Comté, vous les trouverez garnissant le château de Monseigneur *Rouhiere*, véritable magasin d'effets nationaux. Mais dit le proverbe, *personne n'est prophète en son pays*, aussi là, en son pays natal, *Rouhiere*, marchandant le ci-devant château qu'il avait envie d'acheter, voulait d'avance faire le seigneur, vis-à-vis des habitans qui, sans respect pour l'insolent ordonnateur, chassèrent le fils du Maréchal ferrant à coups de fourches.

Jusqu'ici *Rouhiere* n'a fait que préluder dans la carrière du brigandage : bientôt il va prendre son essort.

§. V.

Hauts-faits de Rouhiere dans la Suisse.

L'invasion de la Suisse lui parut une occasion propice. Un homme fameux allait s'y rendre; il lui fallait un adjoint, quel autre que *Rouhiere* pouvait devenir l'adjoint, le second volume de *RAPINAT*.

Autrefois *Rouhiere*, envoyé à Liège, avait, par amour des choses sacrées, escamoté le tapis de l'Evêque, lors de sa fuite de Liège ; de ce magnifique tapis damassé de velours cramoisi, il s'est fait faire des chaises et des bergères qui sont actuellement à *Gy*. A *Amboise*, notre tout-puissant se divertissait à faire brûler les saints et danser les femmes de force autour du feu dans les Eglises.

Espiéglerie ! *Rouhiere*, en Suisse, travaille en grand. Là, il va recueillir une immense,moisson de vols. A *Cologne*, il était encore dans la misère. Il avait laissé, en partant de Paris, pour 3,000 francs de dettes. Dix mois après, à *Berne*, il était devenu millionnaire. Du sein de l'indigence, il s'est tout-à-coup lancé sur la Suisse pour y pomper jusqu'à la dernière parcelle du métal dont la soif le dévore. Mais, que dis-je? argent, vaisselle platte, tableaux, bijoux, linge superbe, meuble précieux, vins de toutes espèces, vins à un louis la bouteille, tout est enlevé par ce *verres* moderne, dépouillant également palais, châteaux, chaumières, et envoyant ces monceaux d'or dans des caissons de l'armée aux frais de la République, et sous une escorte de Gendarmerie.

En effet, des charriots chargés de lingots d'or et d'argent se succèdent : ils arrivent à Paris, chez *Jollivet*, Marchand de Papier, rue de Bussy, beau-père de *Lancherre*. *Jollivet* était le caissier, le factotum de *Rouhiere* ; demandez aux garçons de boutique s'il n'est pas vrai que quatre hommes suffisaient à peine pour porter chaque caisse massive d'argent. Aussi, allez à l'instant chez *Rouhiere*, et vous y verrez encore des nécessaires en vermeil, des énormes soupieres d'argent, enfin l'argenterie d'un prince du sang ; et le tout est l'héroïque dépouille des pauvres aristocrates *Bernois*, révolutionnés par *Rouhiere* et compagnie ; ces extorsions faites contre le droit des gens, au mépris de toutes les loix ; ces extorsions qui appellent une restitution prompte et juste , ont valu et sont estimés deux millions pour la cotte-part de *Rouhiere* seul. Il paraît, si l'on en croit la chronique Helvétique, *Rouhiere* aurait eu sa bonne part du fameux trésor de *Zurich*.

Et voilà , misérable , le bienfait de la liberté que vous portiez chez un peuple allié, un peuple bon et agricole ! Vos mains rapaces ont arraché tout ce qu'elles ont pu dérober de précieux pour satisfaire votre avarice et assouvir vos débauches.

Aussi *Rouhiere* roule-t-il maintenant dans un des plus brillans équipages de Paris : aussi *Rouhiere* loge-t-il maintenant dans des appartemens fastueux ; et celui qui, de son aveu , en 1793 , n'avait que vingt-cinq louis de rente ; celui que naguerre *Victoire Bernard* soutenait en engageant et en vendant ses bijoux ; celui qui emprunta *mille francs* pour aller à l'armée d'*Helvétie* , est maintenant propriétaire d'une des plus belles maisons de *Paris* , cour du Palais de Justice, et donnant sur la rue de la Barrillerie, ayant une douzaine de boutiques de face, produisant dix-huit mille francs de rente. Il acheta une autre maison cent mille livres, rue des Capucines, de Bonne *Carrere*, que la terreur lui fit vendre avant le 18 Brumaire.

Rouhiere, environné de dix domestiques, ayant ramené dix-sept chevaux de la Suisse, quatre voitures, un caisson, semblable à Midas, a converti en or tout ce qu'il a touché comme par enchantement. Il ne marche plus que sur des tapis Asiatiques, et c'est sous les lambris dorés qu'il repose, si un brigand, au milieu de ses rapines, peut toutes fois reposer en paix ! Terre superbe à *Senneport*, maison de campagne à *Gy*, département de la Haute-Saonne ; des fermes, des vignes, ayant produit *cent quatre-vingt-dix* pièces de vin l'an dernier ; des domaines immenses, laissent à peine à *Rouhiere* la possibilité de compter son revenu : à son faste insolent, vous le prendriez pour le grand ordonnateur du *Mogol*.

Et savez vous aussi pourquoi le Cauteleux *Rouhiere* a pris son auguste domicile rue de la Révolution, précisément à côté du Garde-meuble ? C'était vraiment afin de pouvoir, en cas de besoin, s'excuser, sn disant que les meubles nationaux qui sont entrés chez lui, y avaient été apparemment introduits par erreur d'*adresse*, en prenant, par un effet du hasard, sa maison pour le Garde-meuble. Et en effet, *Rouhiere*, d'abord escamoteur de bouts de chandelles, puis de lingots d'or, est maintenant meublé mieux qu'un *Consul;* tout ce qui garnit son habitation, appartient de fait à la République. C'est-là qu'on voit ce qu'il y a de plus rare et de plus exquis en ameublement : partout brille l'or du *Pérou;* son cabinet, extrait dérobé du Muséum, est tapissé de tableaux modernes, chefs-d'œuvres des maîtres de l'art; là enfin, on voit acajou, topase, marbre antique, porcelaine du Japon ; et au milieu de tout cela le premier magot de la Chine...

Rouhiere, en effet, fut constamment l'amateur de tout ce qui avait du prix ; et c'est à ce goût décidé qu'on doit le soin qu'il a mis à recueillir les objets les plus riches et les plus précieux de la Suisse, qu'il a enlevé aux magnificences *Bernoises*, pour en enrichir sa maison.

Un dernier trait peint mon *ROUHIERE*, l'adjoint de *RAPINAT*, apprend, en Suisse, qu'un vieillard a des girandoles de prix : l'amour du beau, du rare, du riche surtout l'enflamme. Cet homme est, à coup sûr, un aristocrate. *Rouhiere* déclare en conséquence de bonnes prises les brillantes girandoles, les confisque à son profit, et pour en décorer son luxurieux boudoir. Hélas ! le pauvre *Bernois*, vieillard septuagénaire, fut tellement frappé de cette vexation tertionnaire, qu'il est certain qu'il en devint fou et qu'on croit qu'il en mourut.

Et de tous les faits épouvantables qui viennent de s'amonceler ici contre mon infâme suborneur ; de tous les faits qui ne sont encore qu'un triage au milieu d'autres non moins graves ; et bien ! j'en aurai des preuves écrites et littérales. J'en aurai, à la face de la justice, les dépositions authentiques de la part de tous ceux qui furent jadis ses commenseaux, qui l'ont abandonné depuis qu'il s'est vautré, avec tant d'impudeur, dans la fange de tous les crimes ; car *Rouhiere* n'a plus un ami au monde. Ce sardanapale, au milieu de quelques courtisannes dégoutées de lui, est sans cesse rongé par l'idée du glaive de la loi suspendu sur sa tête par un fil ; et ce fil enfin, la justice va le rompre et faire tomber sur lui toute la vengeance des loix, toute la sévérité du gouvernement. N'est-il pas temps enfin d'apprendre à nos voisins, à nos alliés, que la nation Française, loyale et magnanime, sait punir les traîtres, les brigands spoliateurs, qui, semblable à la flamme, ont dévoré les malheureuses contrées qu'ils ont parcourues. En l'an II, *Rouhiere* le disait publiquement, qu'il ne possédait pas six cents livres de rente. D'où est donc venue cette fortune énorme : d'où sont venues ces terres, ces maisons, ces châteaux, qui ne sont pas des châteaux en Espagne ?

§. V I.

CONCLUSIONS.

Et voilà l'homme qui refuse de donner, que dis-je ! de restituer un morceau de pain à celle qui l'a soutenu en vendant ses effets, qui a dépensé avec lui une somme de plus de cinq mille francs qu'elle avait sauvée de la Vendée, qui a perdu sa jeunesse, sa santé, son existence et ce qu'elle possédait du patrimoine de sa famille ; à celle qu'il a reconnue et traitée comme son épouse pendant nombres d'années, et tout le temps qu'il a été dans la misère, et qu'il ne repousse que depuis qu'il nage dans une coupable opulence.

Et voilà l'homme enfin qui, jouissant de

plus de *soixante mille francs* de rente, après avoir payé, pendant plusieurs années, une pension à la malheureuse *Victoire Bernard*, ainsi que j'en donnerai la preuve ; qui avait contracté l'obligation de la nourrir, et qui l'a soldée jusques il y a six mois, s'y refuse et l'abandonne dans la vue d'en être débarrassé par un coup de désespoir de sa part. Mais non. Envain tu t'enveloppes du manteau de l'hypocrisie ; envain tu contournes ta langue mielleuse dans ta bouche mensongère. Serpent de la révolution ! ton venin est jetté : il n'est plus mortel. Tes crimes percent de toutes parts. L'opinion terrible va s'éveiller sur toi. Ta conduite rapinière, ta conduite désordonnée va subir l'examen sévère des premiers Magistrats. Juges, Ministres, autorités Législative et Consulaire j'appellerai tout sur ta tête, jusqu'à ce qu'il ait été fait justice de tes excès, et que sur-tout par une condamnation pécuniaire, à titre de dédommagement des torts irréparables que tu m'as fait ; tu aies servi d'exemple aux suborneurs qui seraient tentés de t'imiter.

Victoire BERNARD.

Rue des Brodeurs, n°. 839.

UNE DES PIÈCES JUSTIFICATIVES.

ROUHIERE,
N°. 200.
COMMUNE
de Paris.

MUNICIPALITÉ
du...arrondissement

EXPÉDITION
d'acte de l'Etat
civil.

NAISSANCE.

Reg. 36.
N°. 555.

EXTRAIT du décret de la Convention nationale, du 3 ventose an 3, qui fixe le mode de constater l'état civil dans la commune de Paris.

ART. XXV. Les feuilles d'expéditions des actes de l'Etat civil porteront un double timbre.

ART. XXVI. Les extraits de ces actes ne pourront être délivrés que sur ces feuilles.

EXTRAIT du Registre des actes de naissance,

Du 9 Frimaire, an 3 de la République.

ACTE DE NAISSANCE de Jean, né le 5 de ce mois, une heure du matin, rue Montorgueil, section de Bon Conseil, fils de Benoist Rouhiere et de Victoire Bernard.

SUR LA DÉCLARATION fait à la Maison Commune par Joseph Bardet, employé à la maison des Enfans de la Patrie.

EN PRÉSENCE DES TÉMOINS DÉNOMMÉS AUDIT REGISTRE.

Délivré par moi, archiviste de l'Etat civil, le présent Extrait, pour lequel il a été payé un franc cinquante-huit centimes, compris le timbre. A Paris, le premier Thermidor de l'an huit de la République.

Signé NOURE.

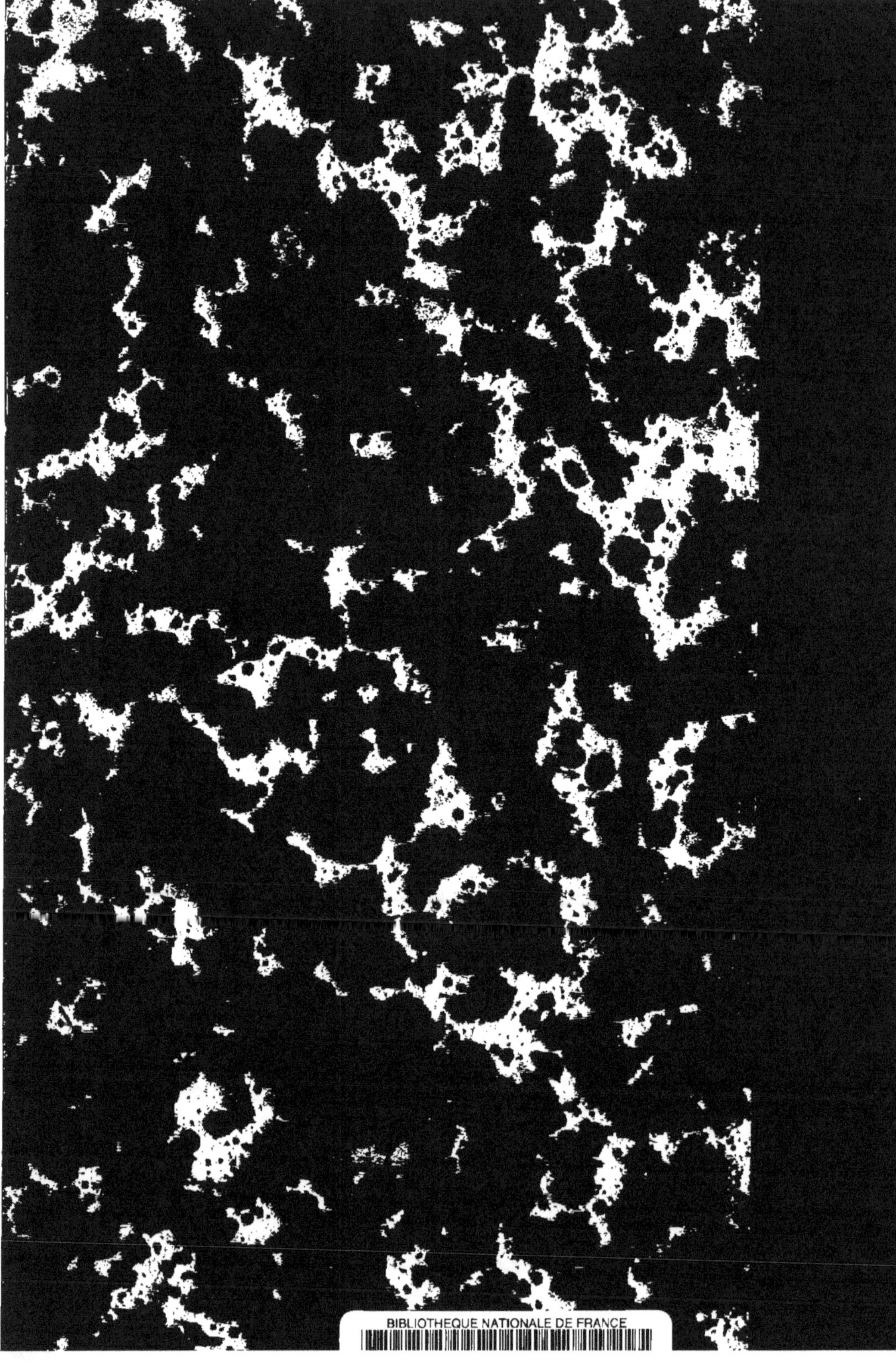